BEI GRIN MACHT SICH IHR WISSEN BEZAHLT

Bibliografische Information der Deutschen Nationalbibliothek:

Die Deutsche Bibliothek verzeichnet diese Publikation in der Deutschen National-
bibliografie; detaillierte bibliografische Daten sind im Internet über http://dnb.d-
nb.de/ abrufbar.

Impressum:

Copyright © 2014 GRIN Verlag, Open Publishing GmbH
Druck und Bindung: Books on Demand GmbH, Norderstedt Germany
ISBN: 9783668358478

Dieses Buch bei GRIN:

http://www.grin.com/de/e-book/346593/reiseberichte-als-quellen-der-froemmig-
keitsgeschichte

Benedikt Liebsch

Reiseberichte als Quellen der Frömmigkeitsgeschichte

Ein Baseler Theologe pilgert nach Jerusalem

GRIN Verlag

GRIN - Your knowledge has value

Der GRIN Verlag publiziert seit 1998 wissenschaftliche Arbeiten von Studenten, Hochschullehrern und anderen Akademikern als eBook und gedrucktes Buch. Die Verlagswebsite www.grin.com ist die ideale Plattform zur Veröffentlichung von Hausarbeiten, Abschlussarbeiten, wissenschaftlichen Aufsätzen, Dissertationen und Fachbüchern.

Besuchen Sie uns im Internet:

http://www.grin.com/

http://www.facebook.com/grincom

http://www.twitter.com/grin_com

SS 2014, Universität Leipzig
Historisches Seminar, Lehrstuhl für Sächsische Landesgeschichte
S „Alltag und Frömmigkeit in Mitteldeutschland am Ausgang des Mittelalters"

- Hausarbeit -
Ein Baseler Theologe pilgert nach Jerusalem.
Reiseberichte als Quellen der Frömmigkeitsgeschichte.

Hausarbeit vorgelegt von:

_____

Benedikt Liebsch
Studiengang: Höheres Lehramt an Gymnasien (4. Fachsemester)

Inhaltsverzeichnis

Einleitung

„Es gibt keinen Pilger ohne Bestimmungsort und niemand pilgert, ohne zu wissen, was er sucht."[1] Bei diesem Zitat erschließt es sich dem Leser wohl bereits auf den ersten Blick, welche Thematik in dieser Hausarbeit behandelt wird. Es geht um das religiöse Phänomen der Pilgerfahrten im Mittelalter, mit speziellem Fokus auf das Spätmittelalter. Als eine der „*peregrinationes maiores*"[2] - hierunter fallen die Pilgerziele Rom, Santiago de Compostela und Jerusalem[3] - steht hier vor allem letzteres, nämlich die mittelalterliche Jerusalempilgerfahrt, im Fokus. Ausgehend von dem überlieferten Reisebericht des spätmittelalterlichen Theologen Wilhelm Tzewers aus Basel aus dem ausgehenden 15. Jahrhundert wird dabei der Versuch unternommen, ein Bild eines typischen Jerusalempilgers zu entwerfen, die historische Entwicklung von Jerusalempilgerfahrten aufzuzeigen sowie auf diesem Wege die Pilgerfahrt Tzewers' breiter in einen frömmigkeitsgeschichtlichen Kontext zu bringen. Dabei geht es unter anderem um die Frage, ob Wilhelm Tzewers, wie er sich in seinem Reisebericht *Itinerarius terre sancte* präsentiert, als ein typischer Pilger des Spätmittelalters bezeichnet werden kann oder er auf Grund seines Daseins als Theologe eine Sonderrolle einnimmt. Ausgehend von oben genanntem Zitat geht es außerdem darum, aufzuzeigen, was einen spätmittelalterlichen Bürger zur Pilgerfahrt bewegte und weshalb im Falle von Wilhelm Tzewers genau Jerusalem sein vermeintlicher Bestimmungsort wurde. Es wird die Frage beantwortet werden, was Wilhelm Tzewers in Jerusalem zu finden hoffte.

Bevor sich allerdings inhaltlich mit dem Reisebericht des Wilhelm Tzewers, genauer gesagt einem daraus entnommenen Abschnitt, befasst wird, legt der Verfasser dieser Hausarbeit in einem ersten größeren Teil den Fokus auf Gritje Hartmann, welche im Jahre 2002 über den Reisebericht des Wilhelm Tzewers ihre Dissertation verfasst hat. Der Verfasser will hierbei ihre Dissertation charakterisieren sowie dem Leser in inhaltlich zusammengefasster Form präsentieren.

1. Charakterisierung der Quellenedition

1.1 Entstehungssituation

Es ist sinnvoll sich zuerst den Entstehungskontext der vorliegenden Quellenedition von Gritje Hartmanns *Wilhelm Tzewers: Itinerarius terre sancte. Einleitung, Edition, Kommentar und Übersetzung* zu vergegenwärtigen, bevor sich mit deren Inhalt vertieft auseinandergesetzt wird. Im Rahmen ihrer Dissertation hat sich Hartmann mit dem Pilgerbericht des Wilhelm Tzewers aus dem späten 15. Jahrhundert beschäftigt. Entstanden ist die Arbeit an den Philosophischen Fakultäten

---

1 Díaz y Dáz, Manuel C.: Der Pilger im Mittelalter, in: von Saucken, Paolo Caucci (Hrsg.): Pilgerziele der Christenheit. Jerusalem. Rom. Santiago de Compostela, Stuttgart 1999, S. 39.
2 Herbers, Klaus: Pilger auf dem Weg nach Jerusalem, Rom und Santiago de Compostela, in: von Saucken, Paolo Caucci (Hrsg.): Pilgerziele der Christenheit. Jerusalem. Rom. Santiago de Compostela, Stuttgart 1999, S. 104.
3 ebd.

der Albert-Ludwigs-Universität zu Freiburg im Breisgau unter Aufsicht von Prof. Dr. Dieter Mertens. Eingereicht wurde sie im Wintersemester 2001/2002 und verteidigt am 21. Juni 2002.[4] Im Jahr 2004 erschien die Dissertation, als Band 33 in die Reihe *Abhandlungen des Deutschen Palästina-Vereins* aufgenommen, im Harrassowitz Verlag, herausgegeben von Siegfried Mittmann und Dieter Vieweger.[5]

Die Reihe *Abhandlungen des Deutschen Palästina-Vereins* ist im Kontext des *Deutschen Vereins zur Erforschung Palästinas* zu sehen, welcher 1877 mit der Zielstellung gegründet wurde, die Geschichte sowie Kultur Palästinas wissenschaftlich zu erforschen. Seit 1969 unterstützt der Verein die *Abhandlungen des Deutschen Palästina-Vereins*, welche sich in Form von Monografien gleichfalls mit der Erforschung Palästinas befassen und die jährlich herausgegebene *Zeitschrift des Deutschen Palästina-Vereins* somit ergänzen. Im Gegensatz zur Zeitschrift erscheinen die Monografien jedoch nicht in regelmäßigen Abständen.[6]

In diesem Kontext muss die vorliegende Quellenedition Hartmanns gesehen werden.

1.2 Formaler und inhaltlicher Aufbau

Hartmanns Dissertation umfasst 455 gedruckte Seiten. Neben Abkürzungsverzeichnis, Quellen- und Literaturverzeichnis sowie Register lässt sich eine inhaltliche Dreiteilung im Inhaltsverzeichnis in Vorwort, Einleitung und Edition erkennen. Dies ist ein interessanter Aufbau der Dissertation, da diese dem Leser quasi als „Buch im Buche" erscheint. Auf der einen Seite findet sich der lange, lateinische Pilgerbericht des Wilhelm Tzewers aus dem späten 15. Jahrhundert in dem Editionsteil, eingebettet in die mindestens genau so ausführliche und gut verständliche Dissertation von Hartmann.

1.2.1 Vorwort der Quellenedition

Hartmanns Vorwort in der vorliegenden Quellenedition erstreckt sich über die Seiten 9 bis 10 der Dissertation und wurde im Mai 2003 für die Erscheinung im Rahmen der *Abhandlungen des Deutschen Palästina-Vereins* verfasst.

Sie beschreibt den Entstehungskontext der Quellenedition als Dissertation und erläutert, wie sie mit dem Pilgerbericht des Wilhelm Tzewers im Sommersemester 1994 in einem Seminar sowie in einer Übung über Pilgerfahrten im Spätmittelalter erstmalig in Kontakt kam. Nach ihrem Examen absolvierte Hartmann einen einjährigen Forschungsaufenthalt in Jerusalem, welcher ihr Interesse an

---

4 Hartmann, Gritje: Wilhelm Tzewers: Itinerarius terre sancte. Einleitung, Edition, Kommentar und Übersetzung (Abhandlungen des Deutschen Palästina-Vereins 33), Wiesbaden 2004, S. 9.
5 ebd., S. 2.
6 Hübner, Ulrich: Über den DPV, unter: http://www.palaestina-verein.de/d/index.html (abgerufen am 08.08.2014).

mittelalterlichen Pilgerfahrten nach Palästina weiter anstachelte. Des Weiteren dankt sie im Vorwort den drei Gutachtern ihrer Dissertation sowie diversen Personen, welche ihr z.b. bei ihrem Forschungsaufenthalt oder bei der Edition des Pilgerberichts mit Hilfe eines speziellen Computerprogramms unterstützend zur Seite standen.[7]

1.2.2 Einleitung der Quellenedition

Der Abschnitt, den Hartmann in ihrem Inhaltsverzeichnis als „Einleitung" bezeichnet, ist erstaunlich lang und umfasst die Seiten 11 bis 69 ihrer Dissertation. Sie stellt den zweitgrößten Abschnitt überhaupt der Quellenedition dar und liefert nötiges Hintergrundwissen, um sich ab Seite 70 dann vertieft mit dem Pilgerbericht Tzewers' auseinanderzusetzen. Die Einleitung umfasst fünf Abschnitte: Zuerst ordnet Hartmann ihre Untersuchungen in den bisherigen Forschungsstand ein. Es folgt ein längerer Abschnitt, in welchem kurz die Biografie Wilhelm Tzewers' beschrieben, seine Pilgerreise mit den wesentlichen Stationen nachgezeichnet und der Pilgerbericht *Itinerarius terre sancte* inhaltlich wie formal dem Leser bereits vorab zusammenfassend geboten wird. Drittens führt Hartmann sämtliche Schriften auf, welche vermutlich Tzewers als Quellen für seinen Pilgerbericht gedient haben. Um den Ansprüchen einer kritischen Edition gerecht zu werden, führt Hartmann viertens aus, wie der Pilgerbericht überliefert wurde und wie fünftens ab Seite 70 dem Leser der Text des Pilgerberichts präsentiert werden wird. Die Einleitung beinhaltet nach Meinung des Verfassers wesentliche Elemente einer formalen Quellenkritik, welche, bevor inhaltlich tief in die Quelle eingetaucht wird, sich mit äußeren Aspekten, wie z.B. Autor oder auch zu Grunde liegenden Quellen, analytisch auseinandersetzt. Im Folgenden versucht der Verfasser, wesentlichen Inhalt Hartmanns Einleitung betreffend nachzuzeichnen und bereits wichtige Erkenntnisse abzuleiten.

1.2.2.1 Forschungsstand und Editionsprinzipien

Bezüglich des bisherigen Forschungsstandes zum Thema Jerusalempilgerfahrten führt Hartmann an, dass in der zweiten Hälfte des 19. Jahrhunderts Tobler und Röhricht die Palästinakunde stark gefördert hatten, bis die Forschung dann in den folgenden Jahrzehnten stark an Antrieb verlor. Erst seit kurzer Zeit lässt sich, so Hartmann, wieder ein großes Interesse an dem Thema erkennen.[8]

Hartmann nennt zudem ihre Editionsprinzipien. Sie beabsichtigt, den lateinischen Pilgerbericht Tzewers', welcher eine Kombination aus Reisebericht sowie Beschreibung des Heiligen Landes ist, darzustellen und diesen in Form einer kritischen Edition zu behandeln. Ein ausführlicher Sachkommentar soll Überlieferungsformen des Berichtes sowie zu Grunde liegende Quellen

---

7 Hartmann, Itinerarius 2004, S. 9f.
8 ebd., S. 11f.

3

aufdecken und weiterhin archäologisch wie baugeschichtlich sich mit den Heiligen Stätten auseinandersetzen. Letzteren Aspekt sieht Hartmann allerdings als schwierig an, da er ein großes Maß an Interdisziplinarität erfordert sowie für das Spätmittelalter sich nur vereinzelt verlässliche Darstellungen über die Topographie Palästinas finden lassen. Eine Übersetzung des lateinischen Pilgerberichts soll weiterhin den Text einem breiteren Leserkreis zugänglich machen.[9]

1.2.2.2 Aufbau des *Itinerarius terre sancte*

Entscheidendes Element in Hartmanns langer Einleitung ist der Auszug über Aufbau und Inhalt des *Itinerarius terre sancte*.

Tzewers' Werk zeigt eine deutliche Zweiteilung auf. Der erste Teil beschreibt seine Seereise von Venedig nach Jaffa, basiert somit sehr auf persönlichen Erfahrungen und ist als Reisebericht anzusehen. Der zweite Teil ist eher unpersönlich gehalten. Tzewers' Erfahrungen rücken in den Hintergrund und es folgt eine unpersönliche Beschreibung Jerusalems sowie des Heiligen Landes, unterteilt in Himmelsrichtungen. Der *Itinerarius terre sancte* schließt mit einer Schilderung der Geschichte des 1. Kreuzzugs sowie einer Auflistung der christlichen Könige in Jerusalem bis 1187. Somit dient das Werk zum Einen für Tzewers dazu, seine eigenen Erinnerungen in Form eines Reiseberichtes festzuhalten sowie für potentielle Nachfolger ein guter Pilgerführer zu sein, welcher auf notwendige Vorbereitungen, topographische Darstellungen etc. Bezug nimmt.[10]

1.2.2.3 Quellen des *Itinerarius terre sancte*

In einem weiteren Teil der Einleitung setzt sich Hartmann mit den Quellen auseinander, welche von Tzewers verwendet wurden. Im Wesentlichen beruht der *Itinerarius terre sancte* auf eigenen Erfahrungen, schriftlichen Quellen sowie mündlichen Überlieferungen. Hartmann führt an, dass der erste Teil des Berichtes, d.h. die Seereise von Venedig nach Jaffa, hauptsächlich auf eigenen Erfahrungen Tzewers' beruht. Dies gilt auch noch für die meisten Beschreibungen Jerusalems im zweiten Teil des Berichts. Die Beschreibungen des übrigen Heiligen Landes im zweiten Teil gehen laut Hartmann fast ausschließlich auf schriftliche Quellen zurück, welche Tzewers offenbar sowohl in Basel in der Bibliothek als auch in der Franziskanerbibliothek auf dem Berg Zion zur Verfügung standen. Als wichtigste Hauptquelle nennt Hartmann die *Descriptio terrae sanctae* von Burchard de Monte Sion, einem Dominikaner, der um 1283 eine Pilgerfahrt in den Vorderen Orient unternahm und dessen Pilgerbericht in großem Maße als Quelle für Tzewers' Angaben über Syrien und auch Jerusalem diente. Als zweite Hauptquelle ist Allesandro Ariostos *Topographia terrae promissionis*

---

9 ebd., S. 15.
10 ebd., S. 27 – 29.

aus den 1460er Jahren zu nennen, welche auch in erheblichem Maße v.a. die geografischen Beschreibungen des Heiligen Landes beeinflussten. Ariostos Text wiederum weist laut Hartmann große Parallelen zu Burchard de Monte Sions Text auf.[11]

Neben diesen beiden Hauptquellen führt Hartmann noch einige ergänzende Quellen an, welche Tzewers wohl in mehr oder weniger starkem Ausmaß verwendet hat. Allerdings räumt Hartmann ein, dass sich hier die Verwendung nicht ganz so deutlich nachvollziehen lässt wie bei den beiden Hauptquellen. Der Vollständigkeit halber sei an dieser Stelle allerdings dennoch auf sie verwiesen.[12] Weiterhin scheint es offensichtlich zu sein, dass auch die Bibel, Apokryphyen, Legenden sowie diverse exegetische Werke als Quellengrundlagen gedient haben.[13]

Hartmann räumt ein, dass durchaus noch mehr Quellen im *Itinerarius terre sancte* möglicherweise verwendet wurden. Allerdings ist es oft schwierig, diese von persönlichen Erfahrungen Tzewers' zu unterscheiden. Die hier aufgezählten Quellen konnten dadurch ausgemacht werden, dass sie generell der Forschung vorliegen und gut mit dem *Itinerarius terre sancte* abgeglichen werden konnten, wodurch sich teils direkte teils indirekte Textübernahmen eins zu eins nachweisen ließen.[14]

1.2.2.4 Überlieferungen des *Itinerarius terre sancte*

Hartmann notiert drei überlieferte Handschriften des *Itinerarius terre sancte*. Als Leithandschrift für die vorliegende Quellenedition wurde die Züricher Handschrift aus dem späten 15. Jahrhundert gewählt. Diese ist eindeutig dem Züricher Kaplan Peter Numagen zuzuordnen, welcher in seiner Funktion viele Texte abschrieb. Schwerer zu identifizieren ist die Wolfenbüttler Handschrift, welche mehrere Schreiber aufweist. Des Weiteren existiert eine Frankfurter Handschrift, ebenfalls aus dem ausgehenden 15. Jahrhundert, in welcher teilweise Textabschnitte verloren gegangen, nicht mehr lesbar etc. sind. Insofern wählt Hartmann die Züricher Handschrift als Leithandschrift. Jede Handschrift enthält zudem mehr oder weniger viele Marginalien.[15]

Es liegt somit keine Handschrift vor, die direkt von Tzewers persönlich stammen kann. Wäre dies nicht der Fall, würde nicht die Handschrift Peter Numagens als Leithandschrift genommen werden. Inwieweit der nicht vorhandene Bericht Tzewers mit der vorhandenen Abschrift Numagens inhaltlich übereinstimmt, lässt sich nicht feststellen. Die Tatsache, dass nur Abschriften von Tzewers' Pilgerbericht vorliegen, nicht aber Tzewers' Pilgerbericht als solcher, ist eine wichtige Erkenntnis für den Verfasser.

Hartmann schließt ihre ausführliche Einleitung mit Hinweisen zur Textgestaltung, d.h. in welcher

---

11 ebd., S. 37 – 44.
12 vgl. ebd., S. 45 – 52.
13 vgl. ebd., S. 52 – 57.
14 ebd., S. 37 – 38.
15 ebd., S. 58 – 65.

Weise der *Itinerarius terre sancte* in ihrer Dissertation im Folgenden dargestellt wird (Wiedergabe der Züricher Handschrift, eigener Marginalienapparat, Variantenapparat, kursiv gedruckte Wiedergabe von Zitaten, ...).[16]

1.2.2.5 Quellentypologie

Zusammenfassend möchte der Verfasser an dieser Stelle besondere Merkmale von Hartmanns Einleitung nochmals aufzeigen und diese mit geschichtswissenschaftlichen Begriffen in Beziehung setzen. Hartmann vollzieht in ihrer Einleitung wesentliche Elemente einer formalen Quellenkritik, gepaart mit bereits einigen inhaltlichen Elementen. Bevor also die eigentliche inhaltliche Quelle ab Seite 70 der Quellenedition beginnt, versorgt sie den Leser mit einer Einordnung der Thematik in den bisherigen Forschungsstand, mit Herausstellen der Editionsprinzipien, mit Angaben zum Quellentyp Tzewers' Berichts (Kombination aus Reisebericht und „Pilgerführer"), mit Beschreibungen des Verfassers (Tzewers' Biografie sowie dessen Reiseverlauf), mit Aussagen zum Entstehungsvorgang des *Itinerarius terre sancte* (v.a. Burchard de Monte Sion und Alessandro Ariosto als Hauptquellen) sowie mit einer Analyse der Überlieferung des Textes (kein überlieferter Primärtext, ausschließlich Handschriften, von denen Peter Numagens Züricher Handschrift als Leithandschrift gewählt wurde). Was allerdings nicht zu finden ist, ist eine breitere frömmigkeitsgeschichtliche Einordnung, wie z.B. allgemeine Kapitel über Pilgerfahrten nach Jerusalem. Die Dissertation Hartmanns bereitet durch ihre ausführliche Einleitung strikt auf den ab Seite 70 der Quellenedition folgenden Pilgerbericht vor, ohne dabei Tzewers' Bericht in die Thematik von Pilgerfahrten historisch breiter einzuordnen.

Offensichtlich ist der Reisebericht Tzewers' der Pilgerliteratur zuzuordnen, welche auf eine lange Tradition zurückblickt.

Im 4. Jahrhundert n.Chr. finden sich die ersten Itinerarien (d.h. Reisetagebücher), welche meist auf Latein die Fahrten pilgernder Christen ins Heilige Land sowie umliegende Nachbarländer beschreiben. Meist enthalten diese Schriften nicht nur die Reisestationen der Pilger, sondern auch Beschreibungen über die Topographie Palästinas sowie verschiedenste Aspekte, z.B. Gottesdienste im Heiligen Land, Kirchenbauten oder auch Beschreibungen von Heiligen. Das vermeintlich erste Reisetagebuch über eine solche Fahrt stammt von dem sogenannten Pilger aus Bordeaux aus dem Jahre 333.[17]

In diesen Kontext ist der Reisebericht Tzewers' einzuordnen. In diesem Zusammenhang scheint der *Itinerarius terre sancte* keine große Sonderrolle einzunehmen sondern im Wesentlichen den

---

16 vgl. ebd., S. 66.
17 Gerland, Manfred: Faszination Pilgern. Eine Spurensuche, Leipzig 2009, S. 38.

6

charakteristischen Merkmalen von Pilgerliteratur (Reisestationen, topographische Beschreibungen) zu entsprechen.

Dies bestätigt auch Hartmann, welche den *Itinerarius terre sancte* als exemplarisch für die Gattung der Pilgerliteratur ansieht.[18]

Auch scheint das Itinerar Tzewers' kein Einzelfall zu sein. Für das 14. und 15. Jahrhundert n.Chr. sind mehr als 500 Berichte von Jerusalempilgern vorhanden. Obwohl im Spätmittelalter das Pilgern zu einer Art Massenangelegenheit wurde, stellte Jerusalem eine Ausnahme dar. Die Fahrten dorthin waren schlichtweg so teuer, dass ärmere Pilger die Summe nicht aufbringen konnten. Somit wurde die Jerusalempilgerfahrt im Spätmittelalter eher zu einem Privileg Adeliger.[19]

Auch in diesen Kontext lässt sich der vorliegende Reisebericht einordnen. Definitiv ist Tzewers nicht den ärmeren Schichten zuzuschreiben. Auf Grund seiner Universitätslaufbahn, Erlangung der Doktorwürde, zeitweise Innehaben des Dekanats[20] etc. zählte er eher zu den Privilegierten, welchen es eher möglich war, eine solche Reise auf sich zu nehmen.

Eine Zuordnung des *Itinerarius terre sancte* in klassische Quelleneinteilungen ist in Hartmanns Dissertation nicht ersichtlich. Da der Reisebericht auch für potentielle Nachfolger Tzewers' relevant sein soll, ordnet der Verfasser den *Itinerarius terre sancte* in der klassischen Quelleneinteilung von Überrest und Tradition eher bei Tradition (narrative) ein, da nach Meinung des Verfassers durchaus eine Überlieferungsabsicht Tzewers' zu erkennen ist.[21] Das klassische Literaturgenre des Reiseberichts ließe sich auf den ersten Blick problemlos in die Kategorie erzählerischer Quellen insbesondere sehr subjektive einordnen. Da allerdings v.a. der zweite Teil des *Itinerarius terre sancte* aus Passagen besteht, in welchen Tzewers als Person komplett zurücktritt und eher objektive Beschreibungen von heiligen Stätten folgen, ist Tzewers' Reisebericht durchaus auch dem Bereich der Publizistik zuzuordnen.[22] Auch die Einordnung Tzewers' Reisebericht in die klassische Kategorisierung von Primär- und Sekundärquellen ist nicht ganz eindeutig. Insbesondere der erste Teil (*Von Venedig nach Jaffa*), der auf Tzewers' persönlichen Erfahrungen beruht und wahrscheinlich nicht anderen Quellen thematisch entstammt, lässt sich grob gesehen eher Primärquellen zuordnen. Im Gegensatz dazu liegen dem zweiten Teil (*Beschreibungen des Heiligen Landes*), wie durch Hartmann nachgewiesen, oftmals viele andere Quellen zu Grunde, auf die sich Tzewers bezieht. Auf Grund dieser Tatsache lässt sich ein wesentlich großer Teil des zweiten

---

18 Hartmann, Itinerarius 2004, S. 31.
19 Herbers, Pilger 1999, S. 127.
20 vgl. 1.2.2.2.
21 vgl. Opgenoorth, Ernst / Schulz, Günther: Einführung in das Studium der Neueren Geschichte, Paderborn u.a. 2001, S. 42.
22 vgl. ebd., S. 43.

Abschnitts des *Itinerarius terre sancte* eher den Sekundärquellen zuordnen.[23]

Es wird ersichtlich, dass es den Betrachter vor eine Schwierigkeit stellt, den *Itinerarius terre sancte* als solchen quellentypologisch einzuordnen. Dies liegt in der Tatsache begründet, dass Tzewers' einerseits viele Teile seines Berichtes auf Grund eigener Erfahrung formuliert, andererseits aber wieder viele Teile auf Grundlage bereits existierender Texte verfasst hat. Daher ist eine eindeutige Einordnung des Reiseberichts in klassische Quellenuntergruppen nicht möglich.

1.2.3 Editionsteil der Quellenedition

Nach der Einleitung der vorliegenden Quellenedition Hartmanns folgt der längste Abschnitt ihrer Arbeit, nämlich der edierte Pilgerbericht Wilhelm Tzewers mit Darstellung des lateinischen Textes gemäß der Züricher Handschrift, ausführlichem Kommentar sowie deutscher Übersetzung. Dieser Abschnitt geht von Seite 70 bis 395.

Um den langen Pilgerbericht übersichtlicher darzustellen, hat Hartmann ihn in kleinere Unterkapitel eingeteilt und diese für den Leser mit eckigen Klammern (z.B. „[I. 3. Die Seereise]"[24]) übersichtlich dargestellt.

Bereits im Inhaltsverzeichnis der vorliegenden Quellenedition ist die Zweiteilung Tzewers' Pilgerberichts ersichtlich. Es gibt den ersten großen Abschnitt *Von Venedig nach Jaffa*, welcher insbesondere die Seereise Tzewers' darstellt, und den zweiten großen Abschnitt *Beschreibung des Heiligen Landes*, wo bereits im Titel deutlich wird, dass der Verfasser des Pilgerberichts nun von der Schilderung persönlicher Erfahrungen hauptsächlich zu Beschreibungen, oftmals auf fremden Quellen basierend, übergeht.[25] Der zweite Abschnitt des Pilgerberichts ist weitaus länger als der erste. Beide Abschnitte sind jeweils mit einem Prolog Tzewers eingeleitet.

Nach dem Prolog des ersten Abschnittes folgen dort die Vorbereitungen Tzewers' in Venedig, die folgende Seefahrt sowie alle sämtlichen Stationen (Korfu, Kreta, …), gipfelnd in der Ankunft im Heiligen Land und einer abschließenden Bemerkung, wie üblicherweise die Pilgerreise in Jerusalem und Umgebung abläuft.

Der zweite Abschnitt (*Beschreibung des Heiligen Landes*) lässt sich intern nochmals fünfteilen. Er beginnt mit einem Prolog Tzewers', gefolgt von einer territorialen Beschreibung der zehn Teile Syriens. Ein dritter längerer Teil befasst sich mit Jerusalem. Es werden dort die Stadt, der Tempelberg, die Grabeskirche sowie weitere heilige Stätten in Jerusalem beschrieben. Der vierte Teil des zweiten Abschnitts legt den Fokus auf die heiligen Stätten außerhalb Jerusalems und beschreibt sie gemäß der Himmelsrichtungen, beginnend im Osten des Heiligen Landes, gefolgt

---

23 vgl. ebd., S. 41.
24 Hartmann, Itinerarius 2004, S. 90.
25 vgl. 1.2.2.3. sowie 1.2.2.4.

vom Süden, Westen und Norden. Ein fünfter vergleichsweise kurzer Teil des zweiten Abschnitts befasst sich mit der Geschichte des ersten Kreuzzugs sowie einer Auflistung aller christlichen Könige Jerusalems bis 1187.

Hartmanns Dissertation schließt nach dem Editionsteil mit einem Abkürzungsverzeichnis, einem Quellen- sowie Literaturverzeichnis und einem ausführlichen Register über relevante Orte, Personen, Bibelstellen sowie Quellenbezüge in Tzewers' Pilgerbericht.

2. Quellenanalyse unter frömmigkeitsgeschichtlicher Perspektive

Im Folgenden widmet sich der Verfasser einem Auszug aus Wilhelm Tzewers' *Itinerarius terre sancte* als Einzelquelle und interpretiert diesen unter der Perspektive spätmittelalterlicher Jerusalempilgerfahrten. Dabei wird versucht, den gewählten Auszug aus dem Reisebericht nicht nur als Einzelzeugnis, sondern im größeren Kontext zu betrachten. Somit geht es nicht nur um Tzewers' persönliche Erfahrungen während seiner Pilgerfahrt, sondern auch um die Frage, wodurch sich allgemein der spätmittelalterliche Pilger auszeichnete und wie er als Ausdruck mittelalterlicher Frömmigkeit gesehen werden kann. Der Verfasser weist an dieser Stelle darauf hin, dass es sich im Folgenden nicht eignet, sämtliche Heiligen Stätten der Christen in Jerusalem zu beschreiben. Am Rande werden beispielsweise der Berg Zion oder das Heilige Grab zwar erwähnt, doch auf Grund der zahlreichen Orte, Gebäude, Heiligen etc., welche in Jerusalem von Christen verehrt wurden, würde dies im Folgenden schlichtweg zu sehr ausufern. Im Fokus liegen vor allem die Merkmale und Motive des mittelalterlichen Pilgerwesens sowie die Einordnung der ausgewählten Quelle in ihren historischen Kontext. Die ausgewählte Einzelquelle ist der Prolog Tzewers, welcher auf den Seiten 70 bis 72 in Hartmanns Dissertation den ersten Teil des Reiseberichtes, welcher die Fahrt von Venedig nach Jaffa schildert, einleitet. Als Abbildung ist die Quelle der Arbeit beigefügt.

2.1 Formale Analyse

Im Rahmen einer formalen Analyse widmet sich der Verfasser dem Prolog durch Angaben zum Urheber selbst, durch Untersuchung des Quellentyps sowie der Untersuchung seiner Echtheit.

In ihrer Einleitung beschreibt Hartmann den Urheber des *Itinerarius terre sancte*, Wilhelm Tzewers. Er wurde um 1420 in Aachen geboren, erlangte die Priesterwürde und kam 1462 an die Universität Basel, wo er zum Doktor der Theologie ernannt wurde und bis 1472 zeitweise als Rektor sowie Dekan der Theologischen Fakultät tätig war. Ab 1472 widmete er sich ausschließlich dem Predigen als Priester und unternahm in diesem Amt im Jahr 1477/78 die Jerusalempilgerfahrt. Er starb 1512 in Basel im hohen Alter von 92 Jahren.[26] Auf Basis des Pilgerberichts, welcher in der

---

26 Hartmann, Itinerarius 2004., S. 21f.

Quellenedition nach der Einleitung im Original dargestellt ist, beschreibt Hartmann in der Einleitung ihrer Dissertation auch den Reiseverlauf von Tzewers zwischen dem 10.03.1477 und dem 10.03.1478 von Basel über Venedig nach Jaffa, von dort aus nach Jerusalem und zurück nach Basel.[27]

Bezüglich des Quellentyps lässt sich sagen, dass Tzewers' erster Prolog eindeutig den Traditionsquellen zuzuordnen ist. Dies wird daraus ersichtlich, dass Tzewers im Prolog seine Absicht äußert, dass sein Pilgerbericht als Hilfestellung für alle nach ihm kommenden Pilger gelten soll.[28] Dies interpretiert der Verfasser als Überlieferungsabsicht und begründet so seine Einordnung. Des Weiteren ist die Quelle als eine sehr persönliche anzusehen, da Tzewers subjektiv seine Motive für die Aufnahme einer Pilgerfahrt ins Heilige Land beschreibt und der Prolog aus seiner Perspektive, d.h. in der 1. Person Singular, abgefasst ist. Bezüglich der Unterteilung in Primär- und Sekundärquellen ordnet der Verfasser den Prolog als Primärquelle ein, da ihm offenbar keine weiteren schriftlichen Quellen zu Grunde liegen schienen und der Prolog als Produkt Tzewers' Gedanken und Überlegungen zu sehen ist. An dieser Stelle verweist der Verfasser auf das Kapitel 1.2.2.3, welches auf Basis von Hartmanns Untersuchungen aufzeigt, dass die generelle Einordnung des kompletten *Itinerarius terre sancte* in eine spezifische Quellenkategorie allerdings schwer möglich ist. Eine leichtere Einordnung gelingt nur, wenn ein kleinerer Abschnitt des Pilgerberichts, so wie hier, zur Untersuchung herangeholt wird.

Die allgemeine Beschreibung von Hartmanns Einleitung hat nachgewiesen, dass von Tzewers selbst keine einzige Handschrift seines Reiseberichts vorliegt und Hartmann die sog. Züricher Handschrift eines Peter Numagens als Leithandschrift nutzen musste. Da dies das Vorhandensein einer Abschrift, nicht aber eines Originals, beweist, muss auch bezüglich des zu untersuchenden Prologs Tzewers' von einer Kopie gesprochen werden.[29] Somit lässt sich feststellen, dass der vorliegende Prolog nicht von Tzewers selbst, sondern wahrscheinlich auch von Peter Numagens verfasst wurde. Tzewers hingegen lässt sich als geistiger Urheber des Prologs betrachten. Daraus lässt sich eine Verschiedenheit zwischen Urheber und Verfasser der Quelle schlussfolgern.

Aufgeschrieben ist die eigentliche Handschrift auf Latein. Hartmann bildet in ihrer Dissertation den lateinischen Originaltext gemäß der Züricher Handschrift ab. Die dazu entsprechende Übersetzung stammt von Hartmann selbst. Da der Verfasser für seine Quellenanalyse die deutsche Übersetzung als Grundlage nimmt, wird eine gewisse Distanz zum nicht mehr vorhandenen Originaltext Tzewers' deutlich.

---

27 ebd., S. 23 – 27.
28 vgl., ebd., S. 71.
29 vgl. Kölzer, Theo (Hrsg.): Werkstatt eines Historikers. Eine Einführung in die historischen Methoden, Köln u.a. 2004, S. 77.

2.2 Inhaltliche Analyse

2.2.1 Quelleninhalt

Bezogen auf den Gesamtinhalt des *Itinerarius terre sancte* stellt der zur Untersuchung stehende erste Prolog Tzewers den Beginn des ersten Teils (*Von Venedig nach Jaffa*) dar. Auch der zweite Teil des Reiseberichts (*Beschreibung des Heiligen Landes*) beginnt mit einem Prolog; um diesen geht es aber an dieser Stelle nicht. Zur Untersuchung liegt dem Verfasser der erste Prolog vor. Gefolgt wird der erste Prolog von den Vorbereitungen Tzewers', welche er in Venedig für die lange Seefahrt getroffen werden müssen.

Der Verfasser erkennt in dem Prolog eine Einteilung in vier Sinnabschnitte. Zuerst gibt es eine Einleitung, dann folgen die Motive für Tzewers' Pilgerfahrt, anschließend eine methodische Überlegung sowie die Funktion des vorliegenden Reiseberichts. Tzewers lässt den Prolog einleiten durch den Propheten David, welcher über die menschliche Sterblichkeit entrüstet war und von Gott durch Gebete Erleuchtung und Erkenntnis erflehte. Als Motive für seine eigene Pilgerfahrt nach Jerusalem beschreibt Tzewers, dass auf ihm viel Übel lastet und er seinen Geist einer Reinigung und Prüfung unterziehen möchte. Aus dem Grund entscheidet er sich für seine Pilgerfahrt, um Buße zu tun und wie der Prophet David Erleuchtung und Erkenntnis zu erstreben. Tzewers beschreibt ebenfalls, wie er methodisch an seine Beschreibungen herangeht. Er will diese auf Basis eigener Erfahrungen, wenn nötig aber auch mit Hilfe von weiteren bereits vorhanden Schriften und Nachrichten, anfertigen. Weiter führt Tzewers im Prolog an, dass ihn Freunde baten, seine Erfahrungen für nachkommende Pilger aufzuschreiben, sodass der Pilgerbericht auch als Hilfestellung oder eine Art „Pilgerführer" ins Heilige Land gesehen werden kann. Sein Prolog schließt mit der Anmerkung, dass der Pilger für seine heilige, wenn auch strapaziöse, Reise insbesondere Geld und Geduld benötigt.[30]

Der Prolog Tzewers' enthält wichtige Ansatzpunkte, an welchen der Verfasser das Thema der Jerusalempilgerfahrten frömmigkeitsgeschichtlich breiter einzuordnen versucht. Dies betrifft zum einen die Frage, wodurch sich ein spätmittelalterlicher Pilger, für den Tzewers symbolisch steht, auszeichnet und was seine Motive und Beweggründe waren, eine Pilgerreise ins Heilige Land auf sich zu nehmen. Um das vorliegende Einzelzeugnis in ihren historischen Kontext des späten 15. Jahrhunderts einzuordnen, wird es nötig sein, sich mit der Geschichte von Jerusalempilgerfahrten knapp auseinanderzusetzen. Schlussendlich erhofft sich der Verfasser eine Erkenntnis darüber, inwieweit Jerusalempilgerfahrten als Ausdruck spätmittelalterlicher Frömmigkeit angesehen werden können.

---

30 Hartmann, Itinerarius 2004, S. 71.

2.2.2 Merkmale und Motive des *peregrinus*

Im Folgenden versucht der Verfasser, ausgehend von der ihm vorliegenden Quelle, für einen Pilger charakteristische Merkmale zu schlussfolgern. Die Auseinandersetzung mit der Person des Pilgers, nämlich etwaigen Merkmalen sowie Motiven für seine Reise, ist wichtig, um anschließend die Pilgerfahrt als frömmigkeitsgeschichtliches Phänomen breiter einzuordnen. Es wird zu untersuchen sein, ob das, was Tzewers in seinem Prolog charakterisiert, auch allgemein für spätmittelalterliche Pilger gesagt werden kann.

In seinem Prolog erscheint Tzewers als tief gläubiger Mensch. Seine Frömmigkeit wird bereits durch die einleitenden Ausführungen über den königlichen Propheten David deutlich. Auch Tzewers' Verehrung von Jesus Christus als Erlöser spricht dafür. Seine beginnende Pilgerfahrt nennt Tzewers einen „Weg der Buße"[31]. Daraus lassen sich seine Motive für die Pilgerfahrt ableiten, nämlich das Streben nach Erleuchtung und Erkenntnis sowie die Befreiung von seinen Übeln, welche der Verfasser an dieser Stelle als Sünden interpretiert. Weiterhin lässt sich eine Faszination über das Heilige Land feststellen. Das Heilige Land beschreibt Tzewers als einen Ort der Wunder und Taten, welcher rechtmäßig den Christen zustände und durch das Blut von Jesus geweiht wurde. Die Ausführung Tzewers' bezüglich der Weihung des Heiligen Landes durch das kostbare Blut von Jesus versucht der Verfasser an anderer Stelle in den Reliquienkult des Spätmittelalters einzuordnen. Das Heilige Land sei jedoch den Christen mittlerweile auf Grund ihrer Vergehen geraubt. Nach Ansicht des Verfassers bezieht sich dies auf die Situation Jerusalems zur Zeit Tzewers' bezogen auf die Vormacht der Araber. Die Tatsache, dass Tzewers viel Geld mit auf seine Reise nehmen möchte, lässt ihn durchaus als einigermaßen wohlhabenden Mann erscheinen. Die vor ihm liegende Pilgerfahrt sieht er unter zweierlei Aspekten. Auf der einen Seite ist sie ihm höchst heilig, auf der anderen Seite beschreibt er sie jedoch auch als strapaziös.

Um Tzewers als spätmittelalterlichen Pilger breiter einordnen zu können, ist es also nötig, seine Frömmigkeit, seine Motive, seine Faszination über das Heilige Land, seine eventuelle Verehrung von Reliquien sowie seinen Vermögensstatus darauf hin zu untersuchen, ob sie verallgemeinert werden können oder Tzewers als Pilger einen gewissen Sonderfall darstellt, eventuell auf Grund der Tatsache, dass er Akademiker und Theologe war und es an der Stelle möglicherweise Unterschiede zu ärmeren Pilgern geben kann.

Auf Basis von Literaturrecherche versucht der Verfasser im Folgenden, ein Bild eines typischen spätmittelalterlichen Pilgers zu entwickeln, um dieses anschließend mit Tzewers abzugleichen.

Dem Begriff des *peregrinus* wohnt ein zweifacher Wortsinn inne. Zum einen bedeutet er „Pilger", zum anderen aber auch „Fremder". Beide Begriffe ergänzen sich gegenseitig. Die Übersetzung als

---

31 ebd.

„Pilger" bedarf keiner großen Erklärung. Die Komponente des „Fremden" ist allerdings aus dem Grund wichtig, da sich der Pilger auf seiner Fahrt oft in einer unsicheren Lage und außerhalb seines sozialen Netzwerkes befindet und auf Grund der weiten Entfernung zum Heimatort sich in Gegenden befindet, in welchen er sogar als potentieller Feind gesehen werden kann. Ausgeglichen wird diese negative Komponente der Pilgerfahrt allerdings stets durch den Heiligen Ort als Endziel, welcher den Pilger religiös antreibt und motiviert. Auch die oftmals weite Entfernung, die der Pilger zurück legt, ist wohl als charakteristisches Merkmal einer zumindest großen Pilgerfahrt anzusehen.[32]

Insbesondere die Erscheinung als Fremder, wenn nicht sogar Feind, lässt sich auf den Reisebericht Tzewers' beziehen. Oftmals kommt seine Pilgergruppe mit den Osmanen in Kontakt, was oftmals zu lebensbedrohlichen Situationen führt, etwa als sie am 04.09.1477 in Jaffa ankamen und sofort von drei osmanischen Schiffen belagert wurden.[33] Als weiteres Beispiel lässt sich Tzewers' Ausflug nach Jericho nennen, wo er von Beduinen belagert wurde und fliehen musste.[34] Auf die historische Situation Jerusalems zur Zeit der Pilgerreise Tzewers' wird an anderer Stelle noch Bezug genommen. Auch die Strapazen, welche eine jede Pilgerreise kennzeichnen, werden bei Tzewers ersichtlich. Neben den oftmaligen Überfällen durch Muslime und Beduinen war er häufig durch Krankheit mitgenommen, welche der langen Seefahrt und einem ihm ungewohnten Klima geschuldet war. So musste Tzewers nach seiner Ankunft in Jerusalem vorerst für fast einen ganzen Monat erkrankt in einem Franziskanerkloster auf dem Berg Zion genesen.[35] Dies steht nur beispielhaft für die zahlreichen Gefahren, welchen sich Tzewers als Fremder in einem fremden Gebiet aussetzen musste.

Es stellt sich somit die Frage, weshalb ein Pilger sich solchen Strapazen aussetzte und seine sichere Existenz hinter sich ließ.

Ein wesentliches Motiv ist wohl, durch den Ortswechsel, welchen der Pilger vollzieht, an Orte der Kraft zu kommen, welche es nötig machen, Bekanntes hinter sich zu lassen und sich dem Unbekannten und oftmals Gefährlichen zu öffnen.[36] Grundlegendes Motiv ist dabei die tiefe Gläubigkeit des Pilgers sowie seine Liebe zu Gott und der damit verbundene Wunsch nach Nähe. Dass diese Liebe zu Gott zu einer Pilgerfahrt führt, liegt in dem Glaube des Pilgers begründet, dass durch den nahen Kontakt zu Heiligen oder Heiligtümern Nähe zu Gott hergestellt wird. Dies geschieht dadurch, dass dem Heiligen oder Heiligtum dabei die Fähigkeit zugesprochen wird, bei Gott Fürsprache für den Pilger einlegen zu können und somit der Heilige oder das Heiligtum dem

---

32 Díaz y Díaz, Pilger im Mittelalter 1999, S. 39.
33 Hartmann, Itinerarius 2004, S. 24.
34 ebd., S. 26.
35 ebd., S. 25.
36 Gerland, Faszination Pilgern 2009, S. 177.

Pilger einen verlässlichen Zugang zu Gott ermöglicht.[37] Des Weiteren erstrebt der Pilger eine räumliche Nähe zu genau den Orten, an welchen Gott Heilstaten vollbracht hat und sich Bibel- und Heilsgeschichten abgespielt haben. Durch diese räumliche Nähe erhofft sich der Pilger, dem Heil näher zu sein. Diesem Glauben liegt die Auffassung zu Grunde, Heiligkeit könnte sich dort, wo heilige Geschichte passierte, in Orten, Gegenständen oder Personen manifestieren, wodurch Heiligkeit quasi als nutzbare Quelle an jenen Orten für Pilger vorliegt. Durch Beten, Verehrung, Berührung oder gar Aneignung glaubt der Pilger, Heil zu erlangen.[38] Unter all den verschiedenen Pilgerzielen wird in der Regel Jerusalem und Umgebung als der Ort beschrieben, an dem der Pilger Gott am Nähsten sein kann. Seit dem Frühmittelalter hat sich auch der Gedanke entwickelt, nicht nur Gott nahe zu sein, sondern durch die Pilgerfahrt auch die Möglichkeit für Bußleistungen zu haben. Verbunden hat sich diese Vorstellung mit zunehmendem Reliquienkult.[39] Der Glaube, dass sich in Überresten von Heiligen eine Form von greifbarer Heiligkeit manifestiert, entwickelte sich ab dem 4. Jahrhundert. Seit dem 11. Jahrhundert war es auch möglich, nach erfolgreicher Pilgerfahrt Ablässe zu erwerben.[40] Weiteres Motiv vieler insbesondere adliger Jerusalempilger war die Möglichkeit, am Heiligen Grab zum Ritter geschlagen zu werden.[41]

Auf Basis dieser Ausführung lassen sich weitere Parallelen zum vorliegenden Prolog ziehen. Auch Tzewers beabsichtigt, mit dem Heiligen Land an einen Ort der Kraft zu kommen. Es ist ihm durchaus bewusst, dass er sich durch seine Pilgerfahrt in die Existenz eines Fremden begibt, welcher sich Unbekanntem und Strapaziösem stellen muss. Auf diesen Sachverhalt ist bereits eingegangen worden. Insbesondere nennt er in seinem Prolog seine Absicht, durch die Pilgerfahrt Buße zu tun; auch dies lässt sich wohl als allgemeines Motiv vieler spätmittelalterlicher Pilger feststellen. Vor allem der Fokus von Pilgern auf die Bedeutung geschehener Bibel- und Heilsgeschichten wird bei Tzewers deutlich. Er betont den Fakt, dass das Heilige Land eine Geschichte vieler göttlicher Taten und Wunder aufweist und insbesondere durch das Leben und Wirken von Jesus Christus an Heiligkeit gewinnt. Dass sich Heiligkeit nach Auffassung der Pilger an Orten manifestieren kann, ist auch bei Tzewers ersichtlich. Er hält die Meinung, dass das Blut von Jesus als heilige Substanz den Boden des Heiligen Landes geweiht und somit heilig gemacht hat. Dies lässt sich nach Auffassung des Verfassers mit dem Glaube an die heilsbringende Kraft von Reliquien in Verbindung setzen.

Auf Grund verschiedenster Gefahren, welchen der Pilger ausgesetzt war, wurde meist in

---

37 Díaz y Díaz, Pilger im Mittelalter 1999, S. 40f.
38 Gerland, Faszination Pilgern 2009, S. 39f.
39 Herbers, Pilger 1999, S. 103f.
40 Herbers, Klaus: Der Jakobsweg. Mit einem mittelalterlichen Pilgerführer unterwegs nach Santiago de Compostela. Tübingen 1990, S. 33f.
41 Herbers, Pilger 1999, S. 128.

Pilgergruppen zusammen gepilgert, meist geleitet von ortskundigen Mönchen, Klerikern oder sogar Bischöfen. Abhängig von Vermögen und Besitz wurde entweder zu Pferd, Wagen, Esel oder Fuß gepilgert. Bisweilen wurden während der Reise auch Andachten gehalten.[42] In der Literatur ist auch die Rede von sog. außerreligiösen Motiven, welche insbesondere seit dem 14. Jahrhundert tendenziell zunahmen. Als solche Motive lassen sich beispielsweise Zeitvertreib oder auch Prestigedenken nennen.[43] Auch schlichtweg Bildungsinteressen, ein gewisses Fernweh sowie eine Neugier auf Unbekanntes kann Jerusalempilger außerreligiös motiviert haben.[44]

Da schon zu Beginn Tzewers' Prolog allerdings ein tief religiöses Element erkennbar ist, ist das Vorhandensein gewisser außerreligiöser Motive für eine Pilgerfahrt hier nur der Vollständigkeit halber aufgeführt.

Auch das finanzielle Element muss bei der Betrachtung spätmittelalterlicher Pilger eine Rolle spielen. Es lässt sich sagen, dass Pilgerreisen nach Jerusalem schlichtweg sehr teuer waren, sodass es ärmeren Pilgern kaum möglich war, eine Pilgerfahrt ins Heilige Land zu unternehmen. Somit lässt sich insbesondere für das 14. und 15. Jahrhundert der Kreis von Jerusalempilgern primär auf den Adel und Klerus beschränken. Von denen stammen fast ausschließlich die mehr als 500 Berichte über Jerusalempilgerfahrten, welche dem Spätmittelalter zuzuordnen sind.[45]

Mit diesem Hintergrund lässt sich Tzewers wohl auch eher als Privilegierter beschreiben, was vermutlich an seiner akademischen Laufbahn liegt.

Bei der Betrachtung des mittelalterlichen Pilgers ist es wichtig, den Begriff der Pilgerfahrt nicht undifferenziert zu verwenden. In der Forschung gibt es gewisse Unterteilungen, welche unterschiedliche Typen von Pilgern erkennen lassen.

Traditionell lassen sich Bitt-, Dank-, Buß- und Strafwallfahrten unterscheiden. Pilger im Rahmen einer Bittwallfahrt wurden zumeist durch z.B. körperliche Gebrechen motiviert, um durch eine Bittfahrt um ein Wunder zu bitten, welches das Problem behebt. Zu Dankwallfahrten brachen in der Regel meist die Menschen auf, die bereits ein Wunder erlebt hatten und den Heiligen dafür danken wollten. Strafwallfahrten konnten durch primär kirchliche Instanzen den Menschen nach begangenen Verbrechen o.ä. auferlegt werden. Die Bußwallfahrt wurde von all denen übernommen, die Buße, beispielsweise auf Grund begangener Sünden, üben wollten.[46]

Diese Unterteilung ermöglicht eine bessere Kategorisierung mittelalterlicher Pilger. Im Falle Tzewers' kann wohl von einer Bußwallfahrt gesprochen werden, da er in dem vorliegenden Prolog direkt von einem Weg der Buße spricht.

---

42 Gerland, Faszination Pilgern 2009, S. 45.
43 Herbers, Jakobsweg 1990, S. 40.
44 Herbers, Pilger 1999, S. 129.
45 ebd., S. 127.
46 Herbers, Jakobsweg 1990, S. 39.

Die Bußwallfahrt wurde im Verhältnis wohl am meisten begangen. Es ging primär darum, Heiligengräber aufzusuchen und durch die dort erhoffte Fürbitte all seine Sünden vergeben zu bekommen.[47]

In diesen Kontext lässt sich Tzewers weiterhin einordnen, da er in seinem Prolog von Übeln spricht, welche auf ihm lasten und die der Verfasser an dieser Stelle als eventuell begangene Sünden in der Vergangenheit interpretiert.

Es lässt sich somit ein umfassendes Bild dessen erstellen, wodurch mittelalterliche Pilger in der Regel gekennzeichnet waren, was ihre Motive waren und wie man sich deren Pilgerfahrt grob vorstellen konnte. Auf Grund vieler Parallelen zwischen Tzewers selbst sowie der vom Verfasser studierten Literatur, lässt sich Tzewers als typischer spätmittelalterlicher Pilger bezeichnen, welcher sich auf einer Bußwallfahrt befand, als einer von eher vermögenderen Menschen ins Heilige Land kam und den sich den für die Zeit üblichen Strapazen stellen musste.

2.2.3 Historischer Kontext

Die bisherigen Ausführungen haben ausgehend von der dem Verfasser vorliegenden Einzelquelle Tzewers in Relation gestellt zu allgemeineren Angaben über den „typischen" mittelalterlichen Pilger. Um das Bild zu komplettieren, ist es notwendig, Jerusalempilgerfahrten historisch einzuordnen und einen Überblick darüber zu gewinnen, wie sie sich entwickelt haben. Dies liefert das nötige Hintergrundwissen, um beispielsweise zu verstehen, weswegen Tzewers auf seiner Pilgerfahrt so häufig in Konflikt mit Osmanen geriet. Es wird dabei versucht, als Überblick grob die Entwicklung der Jerusalempilgerfahrt zu umreißen. Der Verfasser möchte an dieser Stelle betonen, dass, da es bei Tzewers um einen christlichen Pilger geht, die folgende historische Besprechung des Themas sich auf die Entwicklung der christlichen Jerusalempilgerfahrt bezieht. Jüdische oder gar muslimische Jerusalempilgerfahrten werden hier nicht vertieft.

Ihren Beginn nahmen christliche Pilgerfahrten ins Heilige Land im 4. Jahrhundert n.Chr., als unter Konstantin dem Großen (306 – 337) und seinen Nachfolgern das Römische Reich zunehmend ein christliches wurde, gipfelnd in der Anerkennung des Christentums als Staatsreligion. 326 fand angeblich Konstantins Mutter Helena im Heiligen Land eine Kreuzesreliquie, was den Beginn des christlichen Pilgerstroms in großem Maße beeinflusste. Unter Konstantin wurde Palästina ein christliches Land sowie Jerusalem eine christliche Stadt. Urmotivation der ersten christlichen Pilger war, an den Orten zu beten, an denen sich heilige Geschichte begeben hatte.[48] Auch der erste christliche Pilgerbericht über eine Pilgerfahrt ins Heilige Land stammt aus jener Zeit, nämlich aus

---

47 Angenendt, Arnold: Grundformen der Frömmigkeit im Mittelalter, München 2004 (Enzyklopädie Deutscher Geschichte, 68), S. 93.
48 Gerland, Faszination Pilgern 2009, S. 37.

dem Jahre 333, von dem sogenannten Pilger von Bordeaux.[49]

Auch in der ersten Hälfte des 5. Jahrhunderts fanden viele christliche Pilgerfahrten ins Heilige Land statt, teilweise motiviert durch großgeschichtliche Ereignisse wie die 410 stattfindende Plünderung Roms durch die Westgoten.[50] In den beiden darauffolgenden Jahrhunderten änderten sich hingegen die Rahmenbedingungen. Durch die Völkerwanderung sowie den vor allem im 7. Jahrhundert zu spürenden Vorstoß der Araber veränderte sich die Situation im Mittelmeerraum, was auch die Möglichkeit, sicher ins Heilige Land zu reisen, einschränkte.[51] Die Araber eroberten in diesem Zeitraum blitzartig Syrien, Palästina, Ägypten, Libyen, später Nordafrika sowie Spanien und zerstörten das Perserreich.[52] Der seit der Zeit Konstantins starke Strom an Pilgern wurde somit seltener. Ebenso ging der Kontakt zwischen westlichem und östlichem Mittelmeer immer weiter zurück.[53] Das 8. und 9. Jahrhundert war der Zeitraum, in welchem die Beziehungen zwischen West und Ost auf einem Tiefpunkt waren und dennoch stattfindende christliche Pilgerfahrten durch viele Gefahren, Unsicherheiten sowie Probleme gekennzeichnet waren. So ist bei Tangheroni die Rede von einem Pilger, welcher 723 ins Heilige Land reisen wollte und nur aus Glück einen Platz auf einem Schiff bekam, in Syrien dann aber vorerst von den Muslimen verhaftet wurde.[54] Vorerst brach der Strom an Pilgern ins Heilige Land auf Grund des problematischen historischen Kontexts ein. Jerusalem war in der Hand der Araber, welche die Pilgerfahrten nicht gänzlich untersagten, aber durch z.B.. Wegezoll erschwerten. Vermehrt traten Pilgerfahrten wieder ab der zweiten Hälfte des 11. Jahrhunderts auf, teilweise sogar unter Begleitung bewaffneter Truppen.[55]

Eine Wende bezüglich der Jerusalempilgerfahrten stellen die ab dem späten 11. Jahrhundert stattfindenden Kreuzzüge dar. Der byzantinische Kaiser Alexios I. erbat bei Papst Urban II. Hilfe gegen die sich nähernden Osmanen. Auf dem Konzil von Clermont rief Urban II. schließlich zum Kreuzzug gegen die Osmanen auf mit dem Ziel, die Christen im Heiligen Land von den Muslimen zu erlösen sowie das Heilige Grab in Jerusalem zu befreien. Dabei wurde der Kreuzzug als Wallfahrt gepredigt und als ein Akt der Buße und Liebe Christi gedeutet. Somit erhielt der Kreuzzug eine religiöse Legitimation, gipfelnd in der Gewährung eines Ablasses für all die, die am Kreuzzug teilnahmen. 1099 konnte das christliche Kreuzfahrerheer Jerusalem schließlich erobern und 1100 das Königreich Jerusalem ausrufen.[56] Es wurde ein Patriarch nach lateinischem Ritus

---

49 Tangheroni, Marco: Die Pilgerrouten nach Jerusalem über das Meer, in: von Saucken, Paolo Caucci (Hrsg.): Pilgerziele der Christenheit. Jerusalem. Rom. Santiago de Compostela, Stuttgart 1999, S. 213.
50 ebd., S. 215.
51 ebd., S. 216.
52 Haywood, John: Historischer Weltatlas, München 2012, S. 82.
53 Tangheroni, Pilgerrouten 1999, S. 217f.
54 ebd., S. 223.
55 Cardini, Franco: Jerusalem, in: von Saucken, Paolo Caucci (Hrsg.): Pilgerziele der Christenheit. Jerusalem. Rom. Santiago de Compostela, Stuttgart 1999, S. 368.
56 Gerland, Faszination Pilgern 2009, S. 48 – 51.

gewählt (Hintergrund ist hierbei das Große Schisma zwischen Ost- und Westkirche) und eine christliche Herrschaft, zuerst unter Gottfried von Bouillon, dann unter seinem Bruder Balduin, etabliert. Trotz der kurzen christlichen Herrschaft wurden viele Gebäude errichtet (z.b. die Kirche der Heiligen Anna oder der Wiederaufbau des Mariengrabs), welche als Erbe des Kreuzfahrerstaates gesehen werden können. Daneben sei auch der Deutsche Orden beispielhaft angeführt.[57]

Die christliche Herrschaft war allerdings von kurzer Dauer. Im Oktober 1187 eroberte der Ajubide Saladin Jerusalem. Er ließ an den Toren Jerusalems sowie an christlichen Kirchen das Abgabensystem für Pilger wieder einführen. Nach Saladins Tod zerfiel sein Reich in verschiedene Teile; so wurde Jerusalem zum Herrschaftsgebiet des Ajubiden-Sultans von Kairo, welcher 1229 mit Kaiser Friedrich II. über einen Waffenstillstand verhandelte. Das Ergebnis war, dass die christlichen Heiligtümer wieder unter christliche Kontrolle fielen, der Tempelberg hingegen weiterhin muslimischer Kontrolle unterstand. 1244 wurde dies allerdings zunichte gemacht, als muslimische Söldner in Jerusalem einfielen und ein Blutbad anrichteten.[58]

Im 13. Jahrhundert übernahmen die Mamelucken, die Soldatensklaven der Kalifen von Kairo, die Herrschaft und sicherten sich das Sultanat, so auch die Herrschaft über Jerusalem. Juden und Christen wurden unter ihrer Herrschaft weitgehend respektiert. Sie förderten sogar Pilgerfahrten mit Schiffen von Venedig aus, was Geld in die Kassen des Sultans sowie muslimischer Händler brachte. Um ihre eigene Macht zu sichern, förderten die Mamelucken vor allem die Franziskaner, um sie gegen die Juden ausspielen zu können. So war es den Franziskanern ab 1309 erlaubt, Niederlassungen auf dem Berg Zion, in Bethlehem sowie bei der Grabeskirche zu gründen. Ab 1342 wurde ihnen zudem das Gebäude beim Abendmahlssaal zugesprochen. Nichtsdestotrotz verboten die Mamelucken die Restaurierung der heiligen nichtmuslimischen Stätten, wodurch den spätmittelalterlichen christlichen wie jüdischen Pilgern ihre Heiligtümer oft als sehr verfallen vorkamen.[59]

Auf Grund der dennoch vorhandenen beschriebenen Akzeptanz, welche der Christenheit in Jerusalem entgegengebracht wurde, kam es zu jener Zeit zu großen Pilgerströmen westlicher Christen ins Heilige Land. So werden für das 14. und 15. Jahrhundert mehr als tausend Pilger pro Jahr vermutet, welche meist von Venedig aus ins Heilige Land geschifft wurden. Die große Pilgerzahl führte dazu, dass sich ein regelrechter Geschäftszweig, insbesondere in Venedig, aufgetan hatte, welcher sich der Pilger annahm und sie sicher ins Heilige Land brachte, dort versorgte und die Reise organisierte. Allein in diesen beiden Jahrhunderten entstanden zahlreiche

---

57 Cardini, Jerusalem 1999, S. 369f.
58 ebd., S. 372f.
59 ebd., S. 374.

Reiseberichte, meist als *Itineraria* oder auch *Descriptiones* bezeichnet.[60]

Während des 15. Jahrhunderts wurde die Mameluckenherrschaft durch innenpolitische Gründe Ägypten betreffend jedoch zunehmend geschwächt. Jerusalem wurde immer nachlässiger verwaltet und aufkommende Katastrophen, wie beispielsweise Hungersnöte oder Epidemien, ließen die Bevölkerung stark zurückgehen. Nach der osmanischen Eroberung Konstantinopels durch die Osmanen im Jahre 1453 gipfelte die Situation im Jahre 1516, als die Osmanen Ägypten und Palästina unter ihre Herrschaft brachten, worunter auch Jerusalem mit der Hauptstadt Damaskus zählte. Waren die Christen unter den Mamelucken noch mehr oder weniger gefördert worden, war ihnen die Herrschaft der Osmanen mehr zum Nachteil. Um sich von den Mamelucken abzuheben, förderten die Osmanen nicht die lateinische Christenheit, sondern die Juden sowie die griechisch-orthodoxe Christenheit. Unter dem Sultan von Istanbul wurden zwischen den Jahren 1523 und 1551 die Franziskaner von ihren Heiligen Stätten, etwa dem Abendmahlssaal sowie dem Berge Zion, vertrieben. Die christlichen Heiligen Stätten erkannte die muslimische Regierung als ihr Eigentum an.[61]

Zusammenfassend lässt sich somit sagen, dass christliche Jerusalempilgerfahrten ihren Ursprung im 4. Jahrhundert n.Chr. unter Kaiser Konstantin hatten, primär motiviert durch den Wunsch, an Orten von Heils- und Bibelgeschichten zu beten. Bis ins 6. und 7. Jahrhundert stieg die Zahl von Pilgern an. Mit der Verbreitung des Islam und der damit verbundenen islamischen Eroberung Jerusalems wurde diese Entwicklung jedoch gestoppt. Der Mittelmeerraum war religiös wie politisch zweigeteilt, was die Fahrt christlicher Pilger nach Jerusalem erschwerte. Mit der Rückgewinnung Jerusalems 1099 durch die Christen, motiviert durch die Gewährung von Ablässen durch Papst Urban II., konnte der Pilgerstrom wieder zunehmen, bis 1187 Jerusalem wieder an die Araber, genauer an die Ajubiden-Dynastie unter Saladin fiel. Unter den Mamelucken entfaltete sich im 14. und 15. Jahrhundert ein großer Pilgerstrom, da die christlichen Pilgerfahrten auch aus ökonomischen Gründen von den Machthabern in Kairo stark gefördert wurden. In dem Kontext muss auch die Jerusalempilgerfahrt von Wilhelm Tzewers gesehen werden. Seine Pilgerfahrt im Jahre 1477/78 fällt noch in die Zeit der mameluckischen Herrschaft, allerdings wohl in deren Spätphase, als die Mamelucken bereits aus innenpolitischen Gründen Jerusalem vernachlässigen mussten und durch die sich nähernden türkischen Osmanen unter Druck standen. Zur Zeit der Pilgerfahrt Tzewers' war Jerusalem noch nicht in der Hand der Osmanen, wenn auch diese bereits 1453, d.h. vor Tzewers' Pilgerfahrt, bereits Konstantinopel erobert hatten. Somit muss Tzewers noch mehr oder weniger von der Situation profitiert haben, dass unter den Mamelucken den

---

60 Tangheroni, Pilgerrouten 1999, S. 224f.
61 Cardini, Jerusalem 1999, S. 374f.

Christen eine gewisse Akzeptanz entgegengebracht wurden. Er lässt sich demnach als einer der typischen zahlreichen Jerusalempilger des 14. und 15. Jahrhunderts beschreiben. Die Aussage in dem hier behandelten Prolog, das heilige Land sei den Christen bereits geraubt worden, bezieht sich nach Auffassung des Verfassers auf den eben angesprochenen Fakt, dass seit 1187 und endgültig seit 1244 das Heilige Land den Christen durch die Araber genommen wurde. Im Laufe von Tzewers' Bericht wird zudem bereits die Bedrohung durch die Osmanen deutlich. Mehrmals schildert er Vorfälle, in denen er von osmanischen Schiffen belagert wurde und deren Vorstoß beobachten konnte. Insofern stellt Tzewers' Reisebericht ein interessantes Zeugnis zur Zeit der osmanischen Expansion dar. Weiterhin lässt sich die Tatsache, dass Tzewers von Venedig aus seine strapaziöse Seereise unternahm, nun historisch breiter einordnen, da nachgewiesen wurde, dass Venedig insbesondere im Hoch- und Spätmittelalter sich zu einem üblichen Verkehrsknotenpunkt zahlreicher Pilger entwickelte.

3. Schlussfolgerung

Abschließend lässt sich festhalten, dass diese Hausarbeit einer inhaltlichen Zweiteilung folgte.

So wurde sich in einem ersten Teil mit der Dissertation von Gritje Hartmann befasst, ein formaler wie auch inhaltlicher Überblick über ihre Arbeit gegeben sowie herausgearbeitet, was nach Ansicht des Verfassers der Hausarbeit noch stärker hätte betont werden können, wie beispielsweise der historische Kontext, in welchem sich Wilhelm Tzewers zur Zeit seiner Pilgerfahrt befand oder, methodisch gesehen, eine genauere quellentypologische Einordnung des *Itinerarius terre sancte*. Auf Grund seiner Vielschichtigkeit (subjektiver Reisebericht wie objektive Ortsbeschreibungen; auf eigenen Erfahrungen basierend aber auch auf weitaus älteren schriftlichen Quellen; teils als Primärquelle, teils als Sekundärquelle anzusehen; ...) muss der Verfasser allerdings an dieser Stelle einräumen, dass auch ihm eine eindeutige Besprechung des Quellentyps *Itinerar* gerade wegen dieser Vielschichtigkeit nicht einfach fiel. Es lässt sich somit feststellen, dass eine eindeutige Einordnung des *Itinerarius terre sancte* in klassische Quelleneinteilungen nicht möglich ist. Dem Leser von Hartmanns Dissertation werden ihre Untersuchungen und Gedanken in gut verständlicher sowie nachvollziehbar strukturierter Art und Weise präsentiert. Die Überlegung, vor dem eigentlichen Reisebericht ausführliche Anmerkungen zum Entstehungskontext, zu den verwendeten Quellen sowie zu den verschiedenen Überlieferungsformen zu machen, hält der Verfasser für nachvollziehbar, da der bei Hartmann dann folgende Reisebericht sowie dessen Übersetzung unter einem anderen Blickwinkel gelesen wird, z.B. betrachtet der Leser den Reisebericht aus anderer Perspektive, wenn er weiß, dass von Tzewers selbst kein eigen verfasstes Schriftstück seines Reiseberichts vorliegt sondern die Forschung sich mit einer Abschrift dieses Berichtes zufrieden geben muss.

Bezüglich der vom Verfasser ausgewählten Einzelquelle aus Tzewers' *Itinerarius terre sancte* lässt sich nach ausführlicher Untersuchung nun feststellen, dass die Beweggründe Tzewers, eine Jerusalempilgerfahrt zu beginnen, sowie seine damit verbundene tiefe Frömmigeit als exemplarisch angesehen werden können für einen typischen Jerusalempilger des Spätmittelalters, welcher sich von seiner Pilgerfahrt Erleuchtung sowie Befreiung von Sünden erhofft sowie vermutlich an die heilsbringende Kraft von Reliquien glaubt. Letzteres ließ sich nicht endgültig nachweisen, allerdings interpretiert der Verfasser Tzewers' Formulierung in dem hier verwendeten Prolog, Jesus habe das Heilige Land „mit seinem überaus kostbaren Blut geweiht"[62], als gewissen Ausdruck von einem reliquienbezogenen Denken. Dies endgültig zu bestätigen bedarf allerdings einer intensiveren Auseinandersetzung mit dem *Itinerarius terre sancte* und bleibt an dieser Stelle vorerst offen. Auch die Tatsache, dass Tzewers zur Zeit der Jerusalempilgerfahrt relativ vermögend gewesen sein muss, passt in die Zeit des 14. und 15. Jahrhunderts, in welcher nachweislich Pilgerfahrten nach Jerusalem eher von Vermögenden durchgeführt wurden. Des Weiteren stellt nicht nur die ausgewählte Einzelquelle sondern der gesamte Reisebericht als solcher ein für Historiker höchst interessantes Zeitzeugnis des ausgehenden 15. Jahrhunderts dar, da es im Kontext der Ausbreitung osmanischer Herrschaft steht und beschreibt, wie das Verhältnis zwischen Christen und Muslimen zu jener Zeit in Jerusalem gewesen sein muss.

---

62 Hartmann, Itinerarius 2004, S. 71.

Quellenverzeichnis

Hartmann, Gritje: *Wilhelm Tzewers: Itinerarius terre sancte. Einleitung, Edition, Kommentar und Übersetzung* (Abhandlungen des Deutschen Palästina-Vereins 33), Wiesbaden 2004.

Literaturverzeichnis

Angenendt, Arnold: *Grundformen der Frömmigkeit im Mittelalter*, München 2004 (Enzyklopädie Deutscher Geschichte, 68).

Cardini, Franco: *Jerusalem*, in: **von Saucken, Paolo Caucci (Hrsg.):** *Pilgerziele der Christenheit. Jerusalem. Rom. Santiago de Compostela*, Stuttgart 1999, S. 321 – 375.

Díaz y Díaz, Manuel C.: *Der Pilger im Mittelalter*, in: **von Saucken, Paolo Caucci (Hrsg.):** *Pilgerziele der Christenheit. Jerusalem. Rom. Santiago de Compostela*, Stuttgart 1999, S. 39 – 56.

Gerland, Manfred: *Faszination Pilgern. Eine Spurensuche*, Leipzig 2009.

Hartmann, Gritje: *Wilhelm Tzewers: Itinerarius terre sancte. Einleitung, Edition, Kommentar und Übersetzung* (Abhandlungen des Deutschen Palästina-Vereins 33), Wiesbaden 2004.

Haywood, John: *Historischer Weltatlas*, München 2012.

Herbers, Klaus: *Pilger auf dem Weg nach Jerusalem, Rom und Santiago de Compostela*, in: **von Saucken, Paolo Caucci (Hrsg.):** *Pilgerziele der Christenheit. Jerusalem. Rom. Santiago de Compostela*, Stuttgart 1999, S. 103 – 136.

Herbers, Klaus: *Der Jakobsweg. Mit einem mittelalterlichen Pilgerführer unterwegs nach Santiago de Compostela*, Tübingen 1990.

Kölzer, Theo (Hrsg.): *Werkstatt eines Historikers. Eine Einführung in die historischen Methoden*, Köln u.a. 2004.

Opgenoorth, Ernst / Schulz, Günther: *Einführung in das Studium der Neueren Geschichte*, Paderborn u.a. 2001.

Tangheroni, Marco: *Die Pilgerrouten nach Jerusalem über das Meer*, in: **von Saucken, Paolo Caucci (Hrsg.):** *Pilgerziele der Christenheit. Jerusalem. Rom. Santiago de Compostela*, Stuttgart 1999, S. 213 – 258.

besuchte Internetseiten:

Hübner, Ulrich: *Über den DPV*, unter: http://www.palaestina-verein.de/d/index.html (abgerufen am 08.08.2014).

BEI GRIN MACHT SICH IHR WISSEN BEZAHLT

- Wir veröffentlichen Ihre Hausarbeit, Bachelor- und Masterarbeit

- Ihr eigenes eBook und Buch - weltweit in allen wichtigen Shops

- Verdienen Sie an jedem Verkauf

Jetzt bei www.GRIN.com hochladen und kostenlos publizieren